I0758688

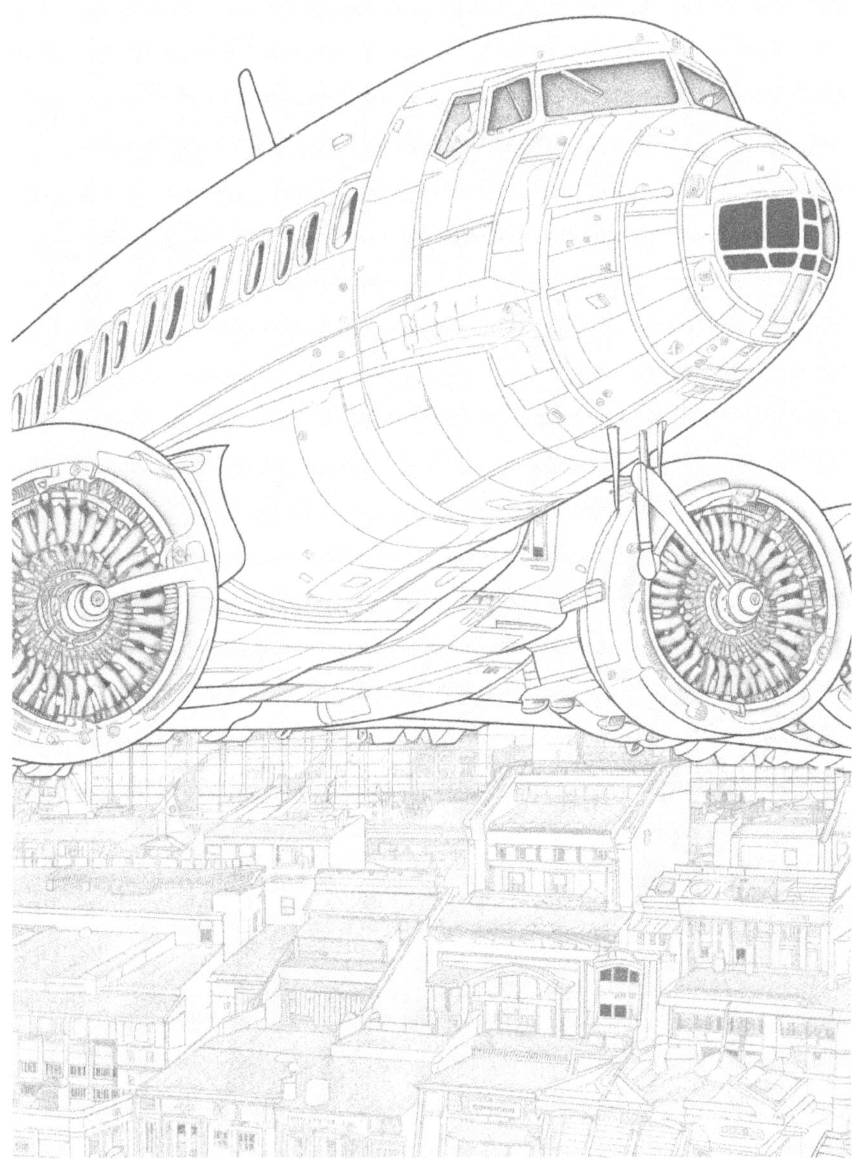

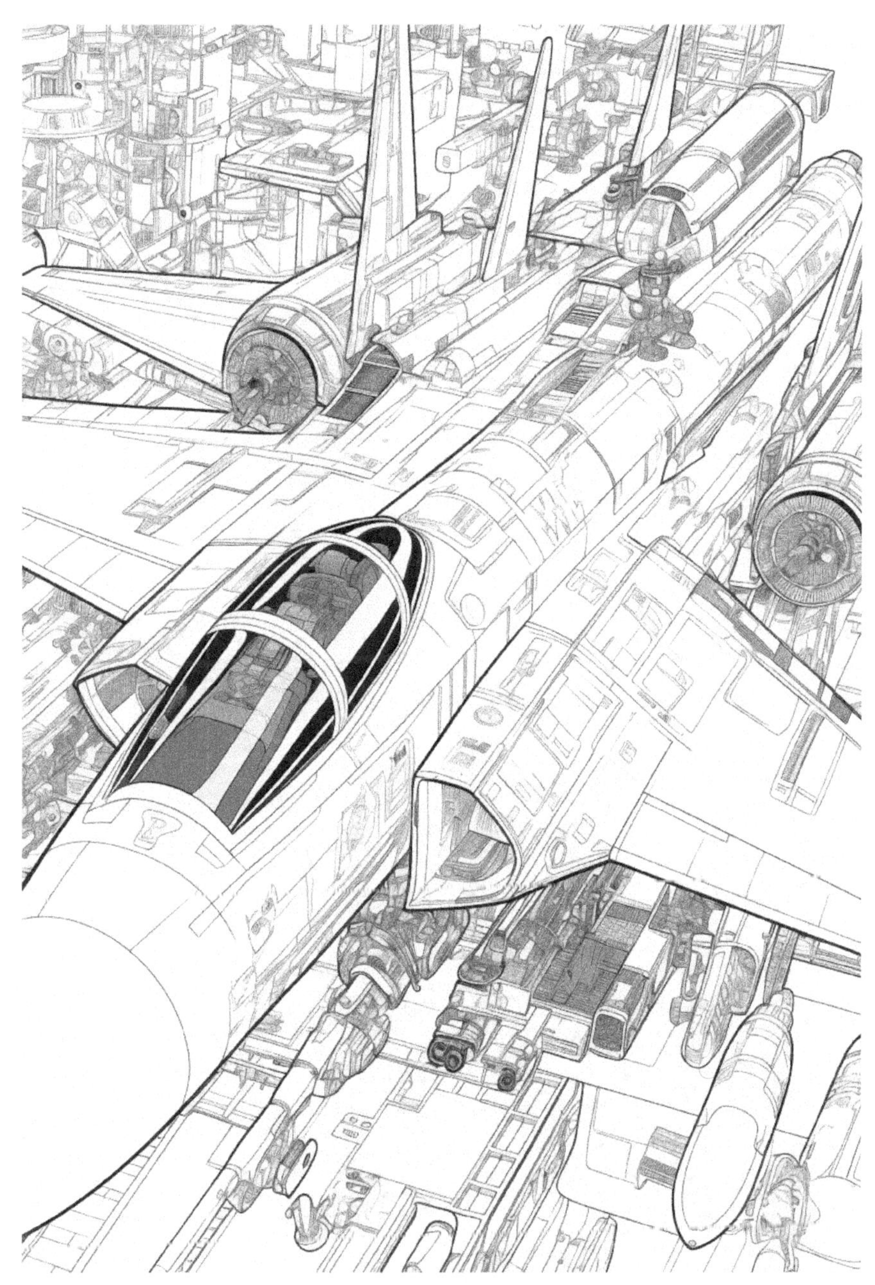

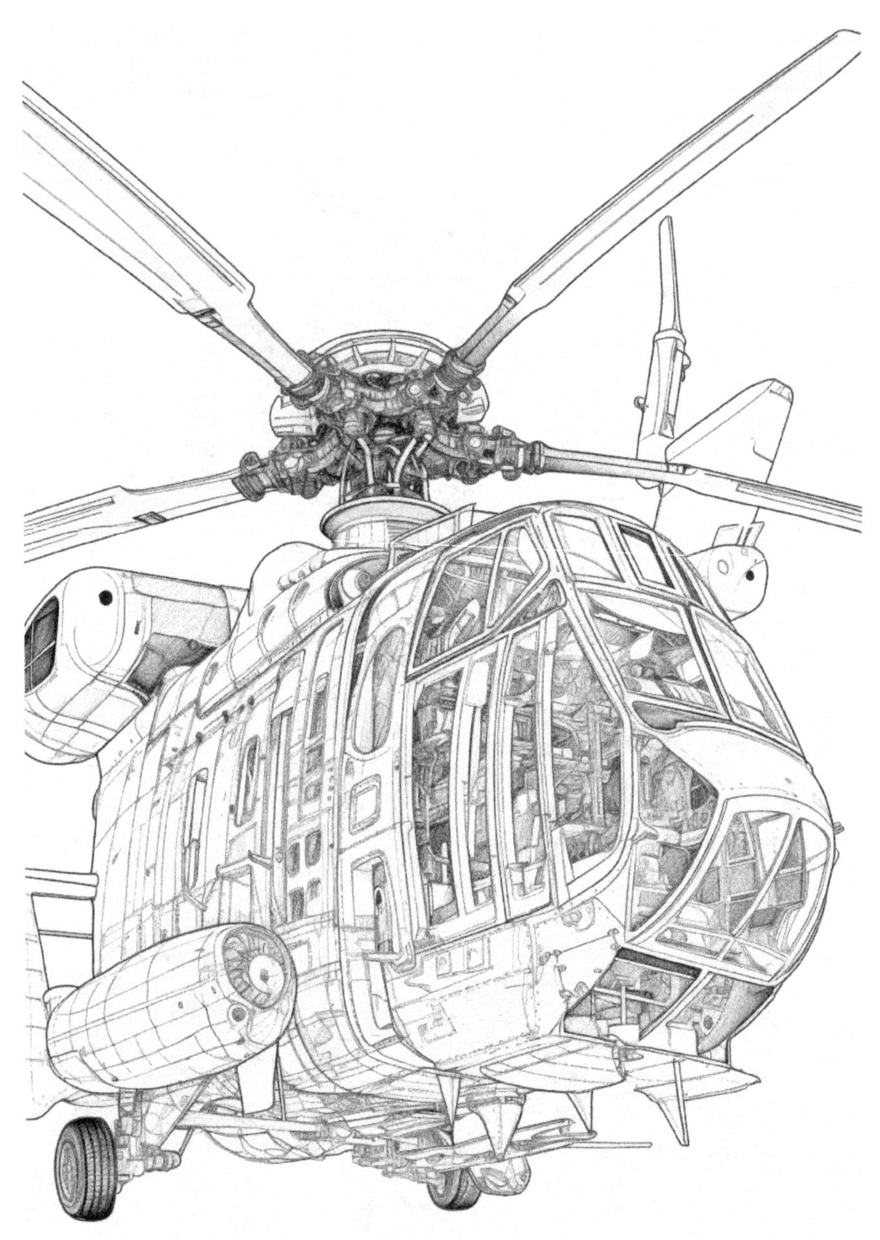

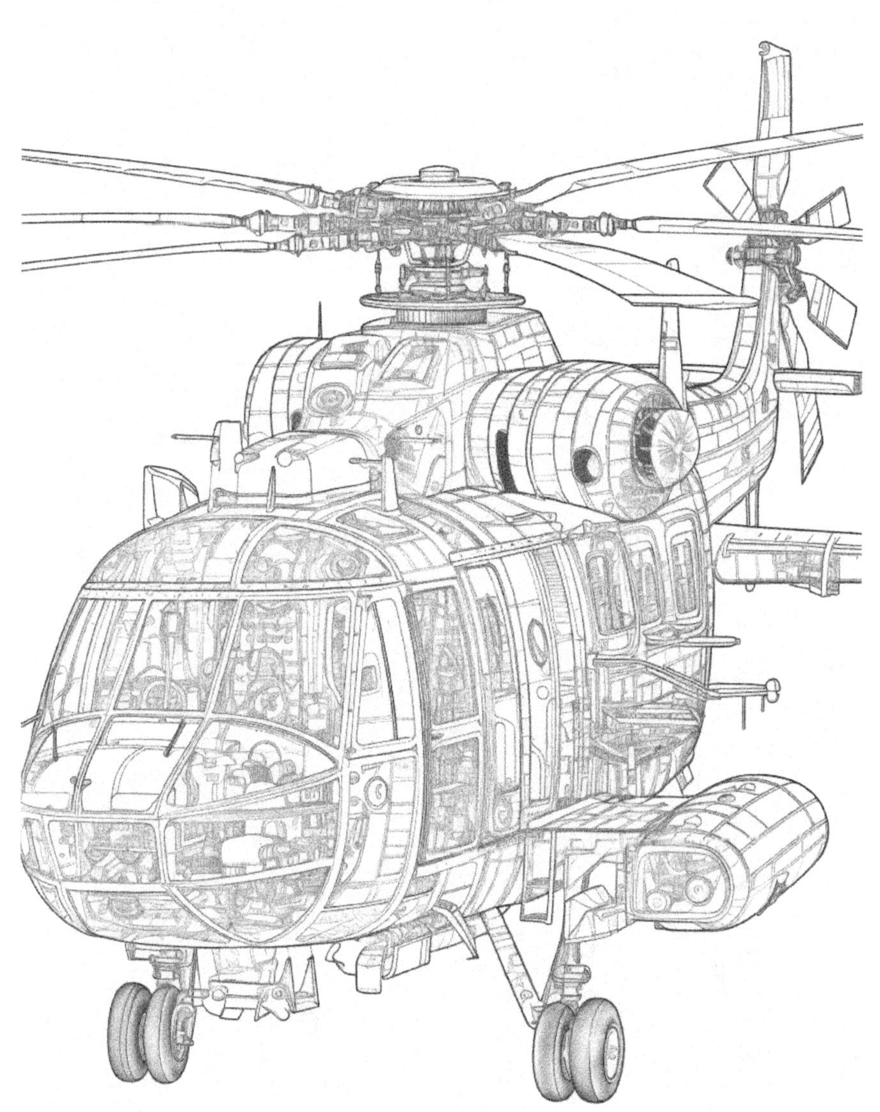

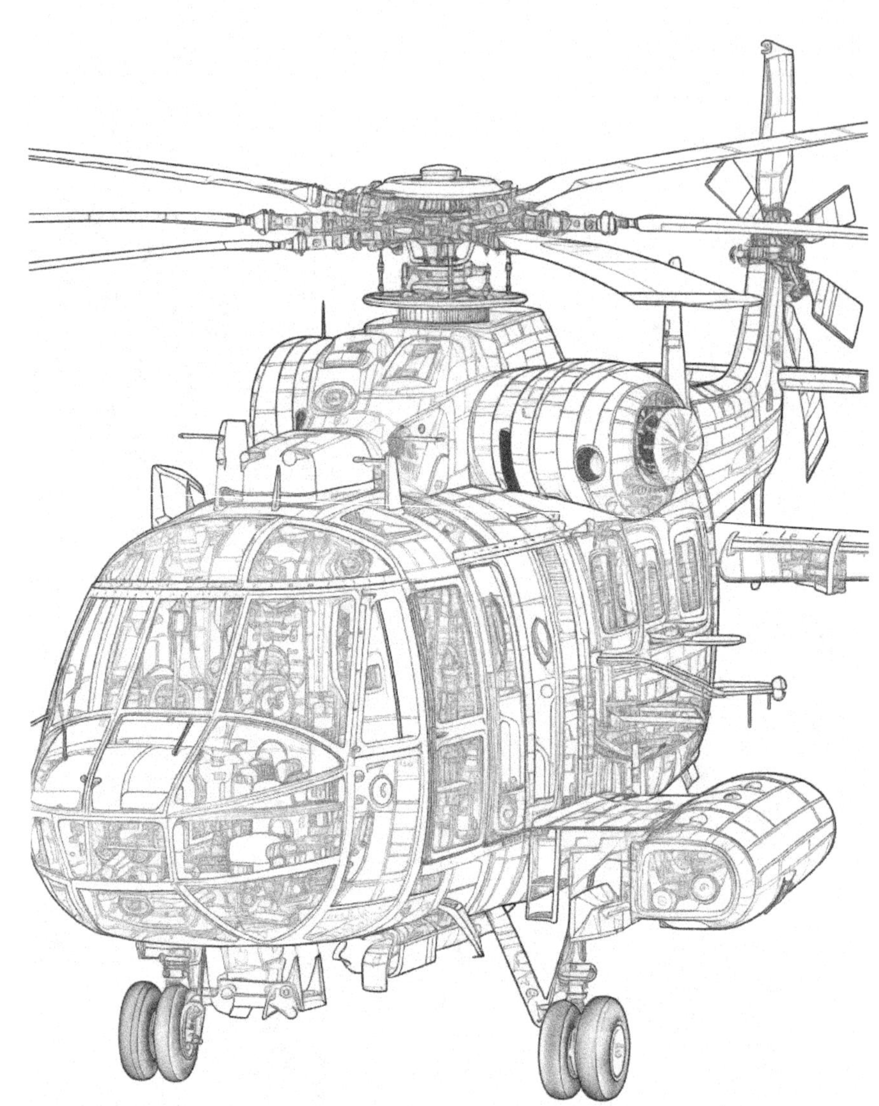

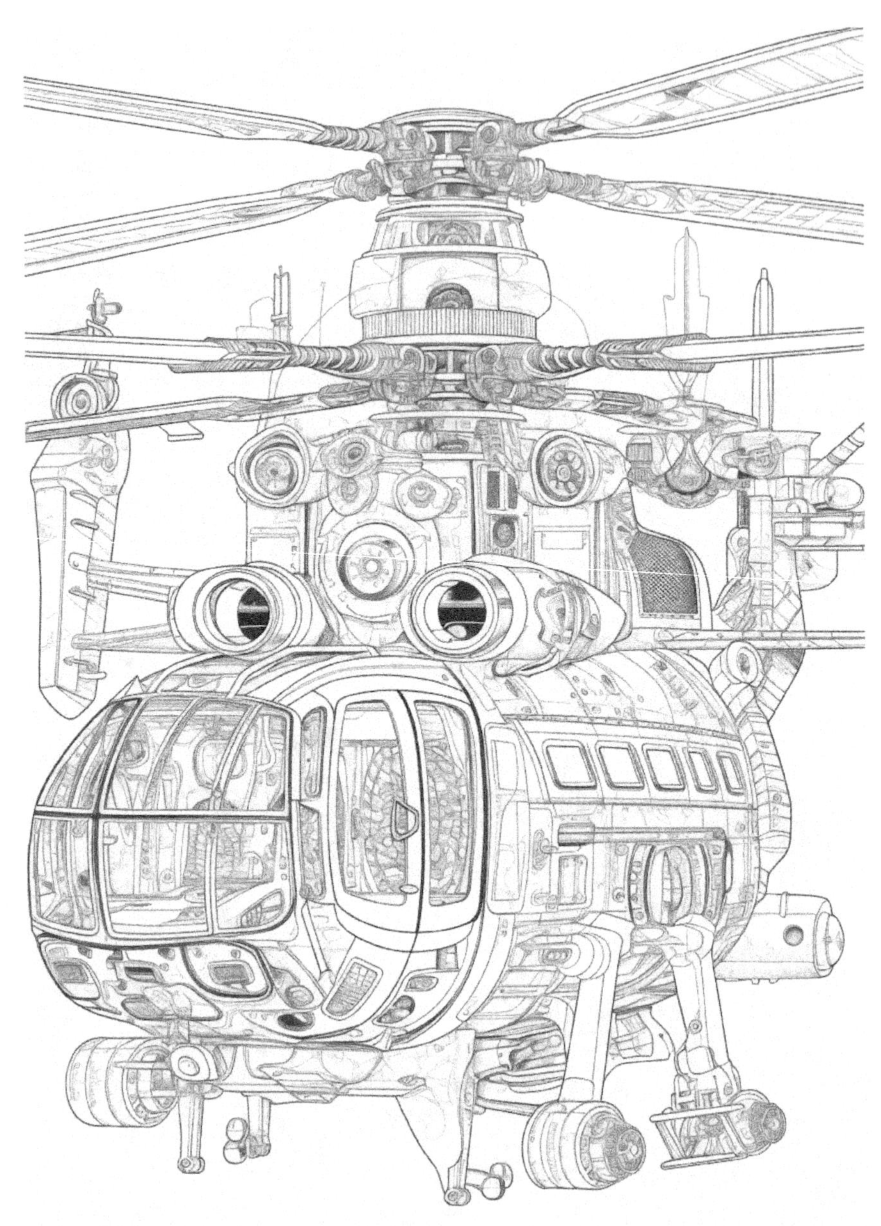

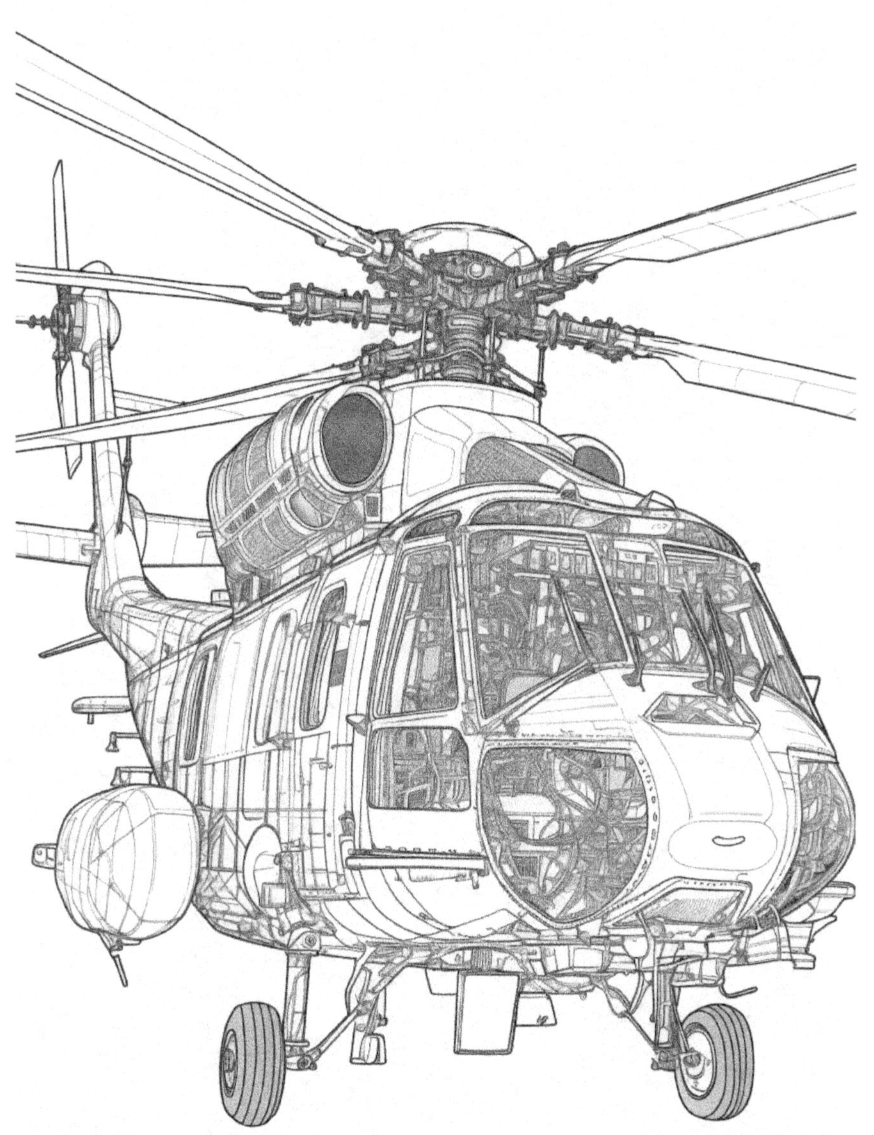

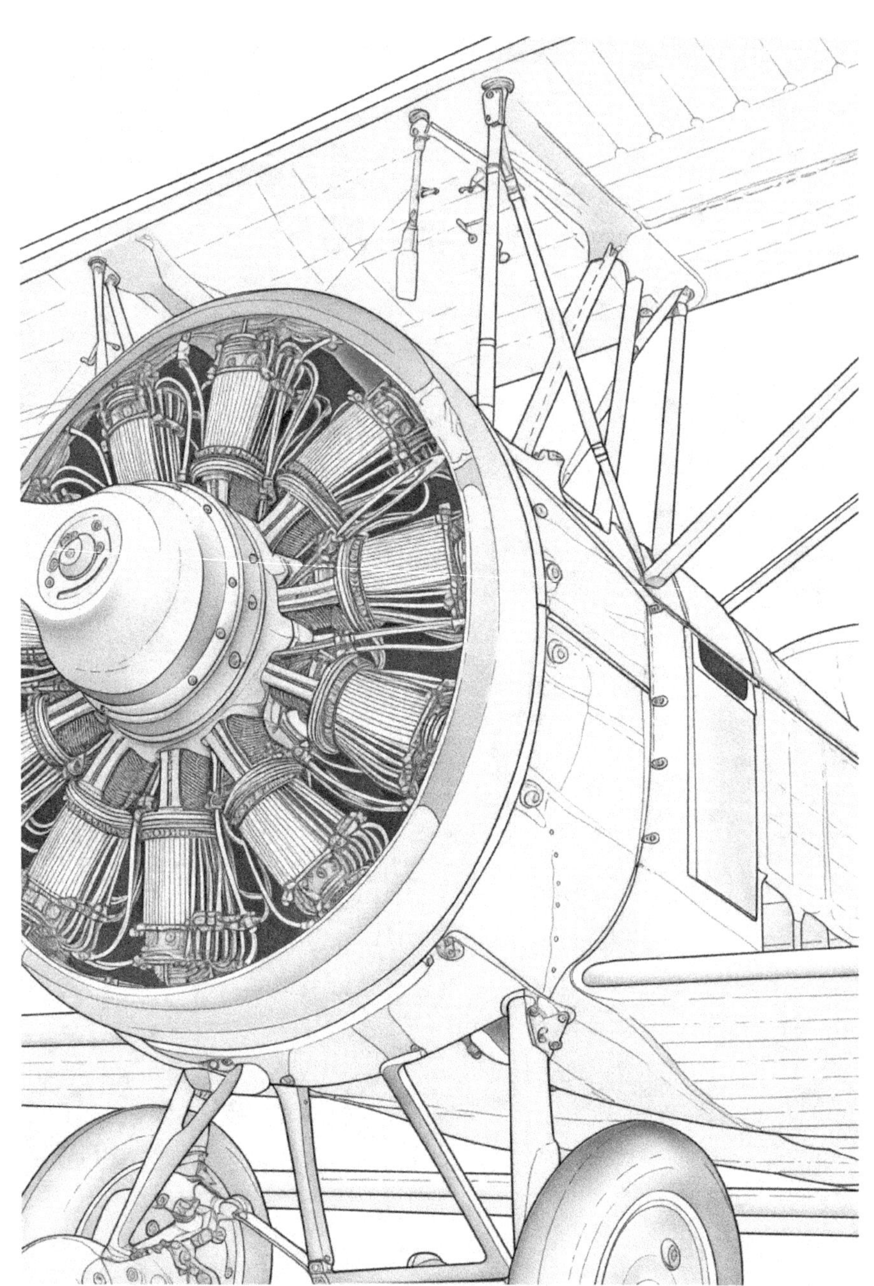

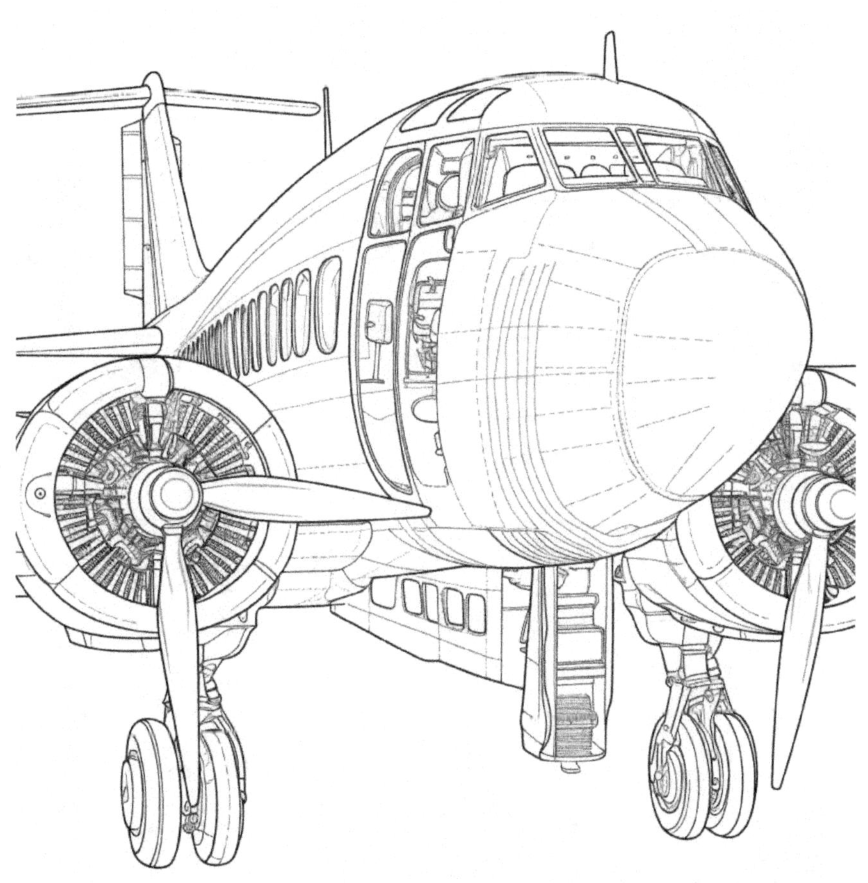